This Color By Number Book Belongs To

____

Name : ....

E-mail : ....

Telephone : ....

COLOR TEST PAGE

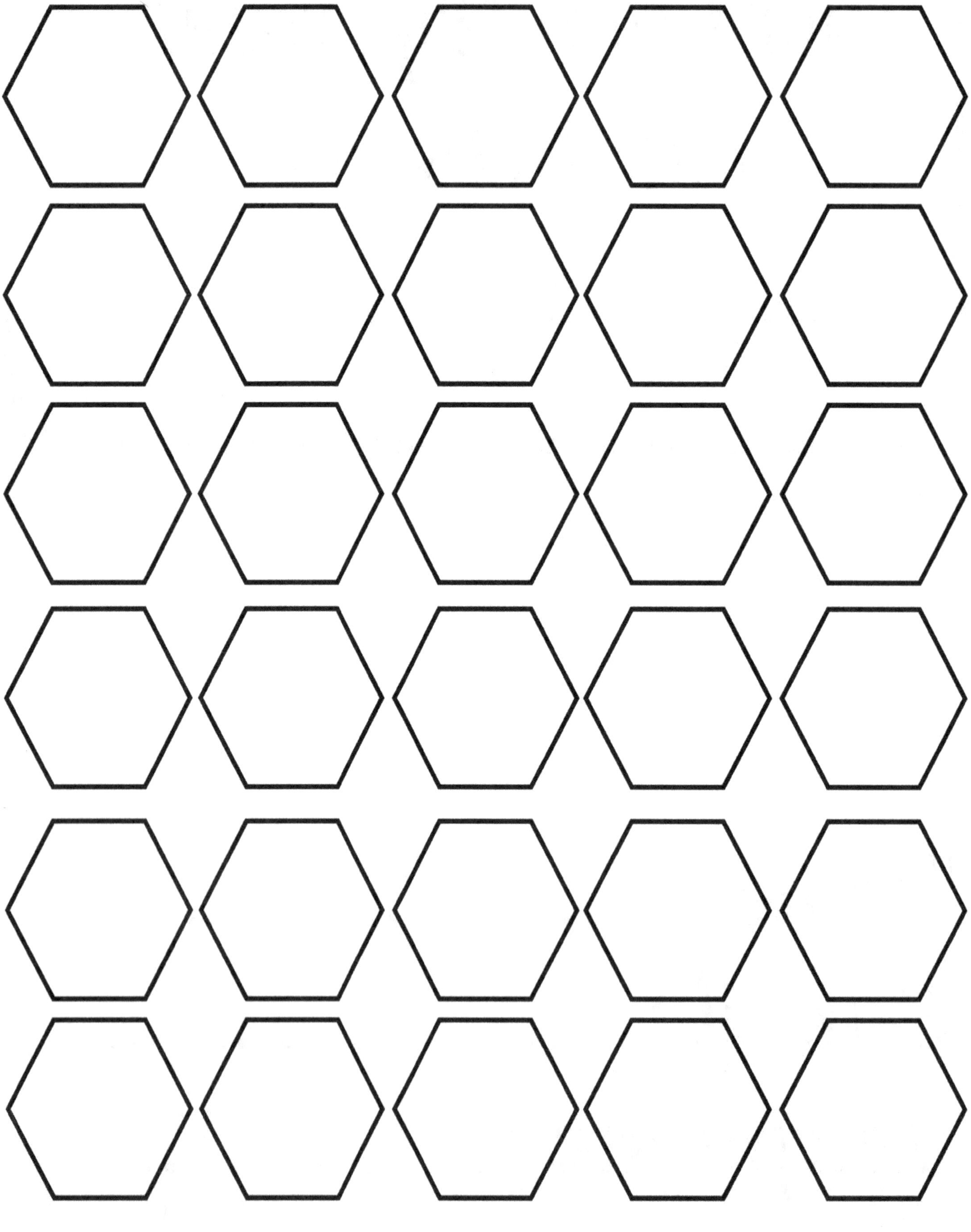

1
1
2
2
2
2
1
1
1
1
1
1
3
3
1
3
3
3
3
3
3
3
3
1
3
3
3
3
3
1
3
3
3
3
3
3
3
3
1
1
1
1
3
3
3
3
3
3
2
4
3
3
2
3
3
3
3
2
3
2
3
3

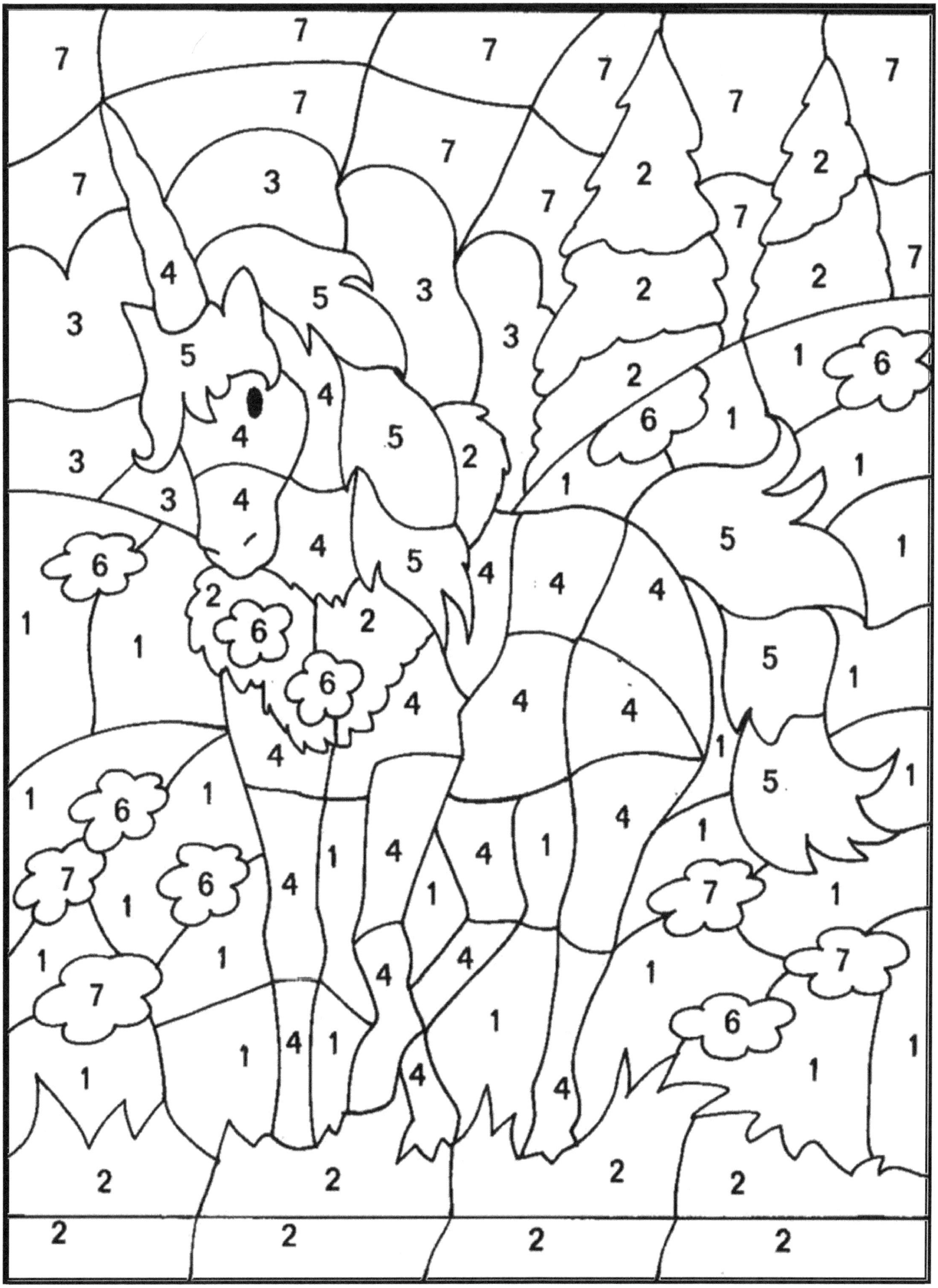

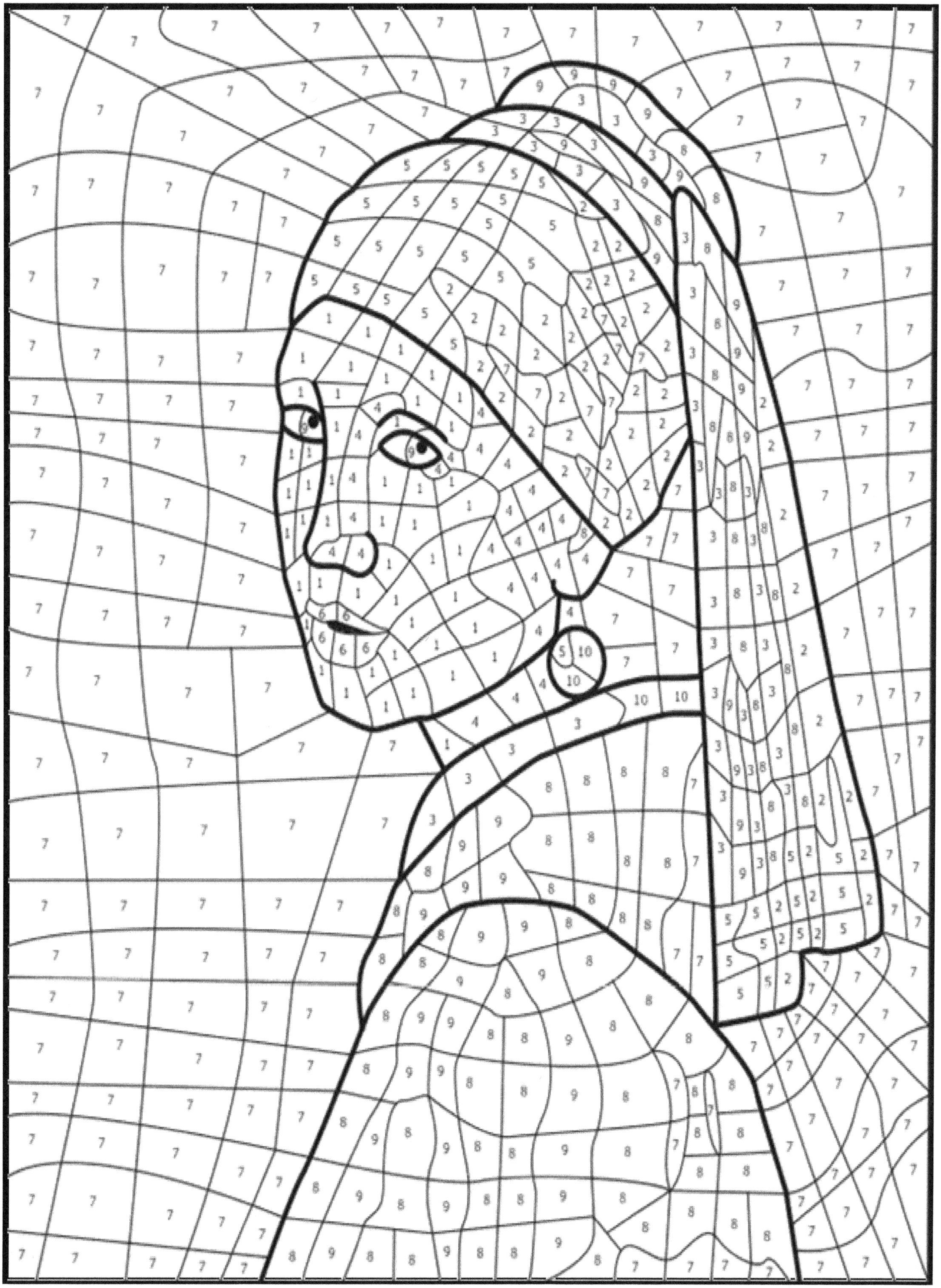

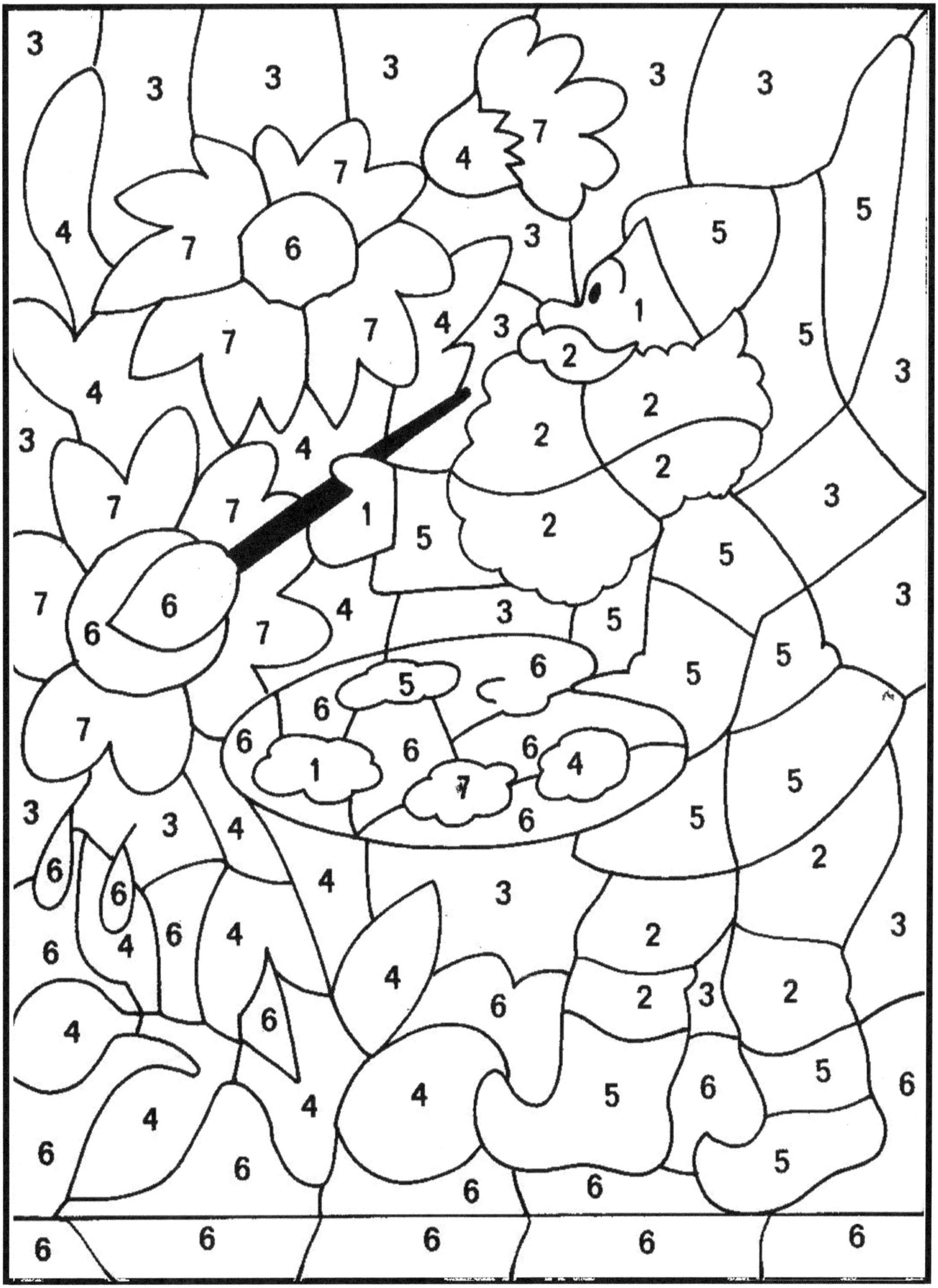

2
4
4
2
3
5
5
4
1
3
4
1
5
3
3
6
5
6
1
6
4
1
2
3
2

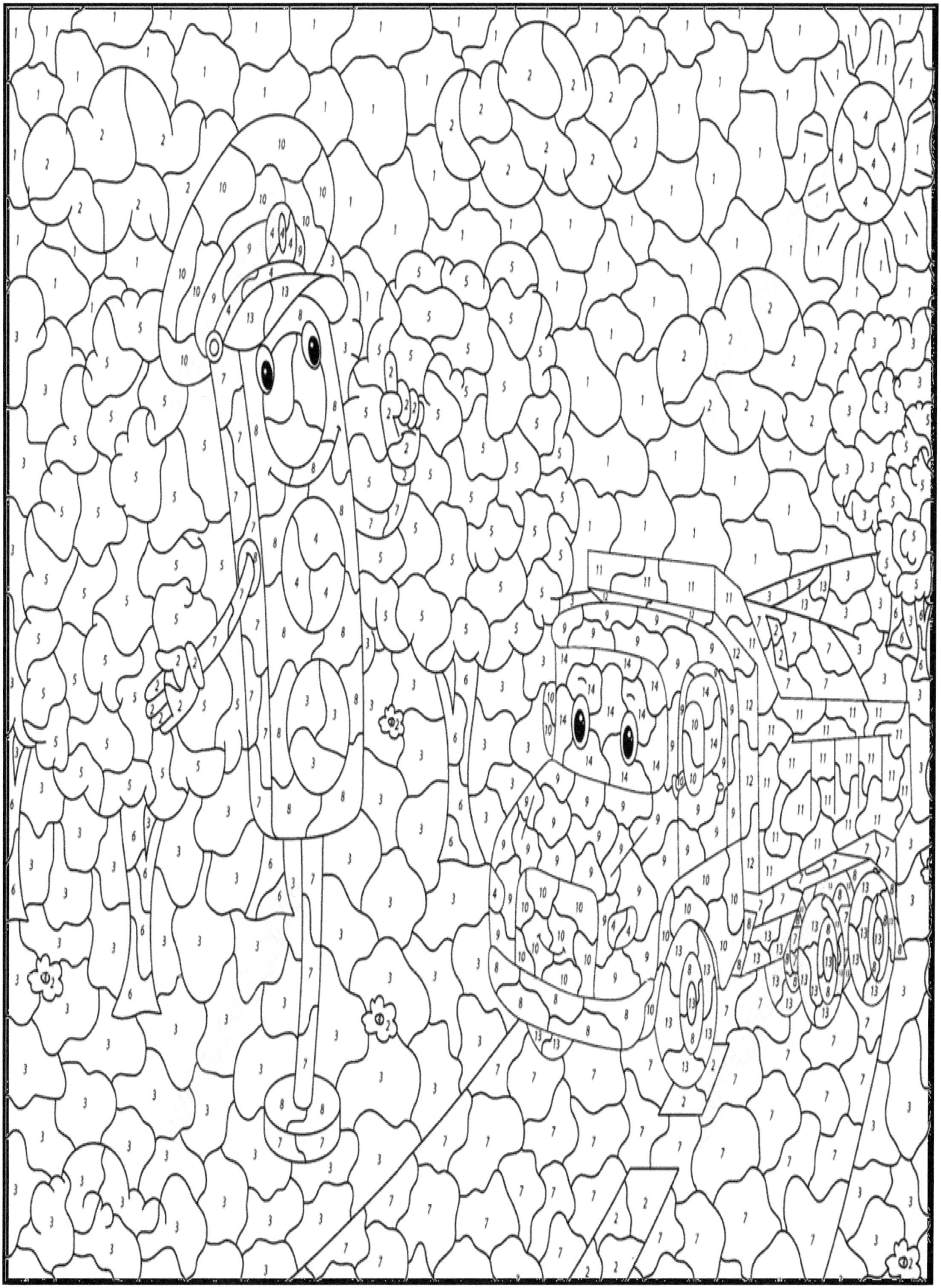

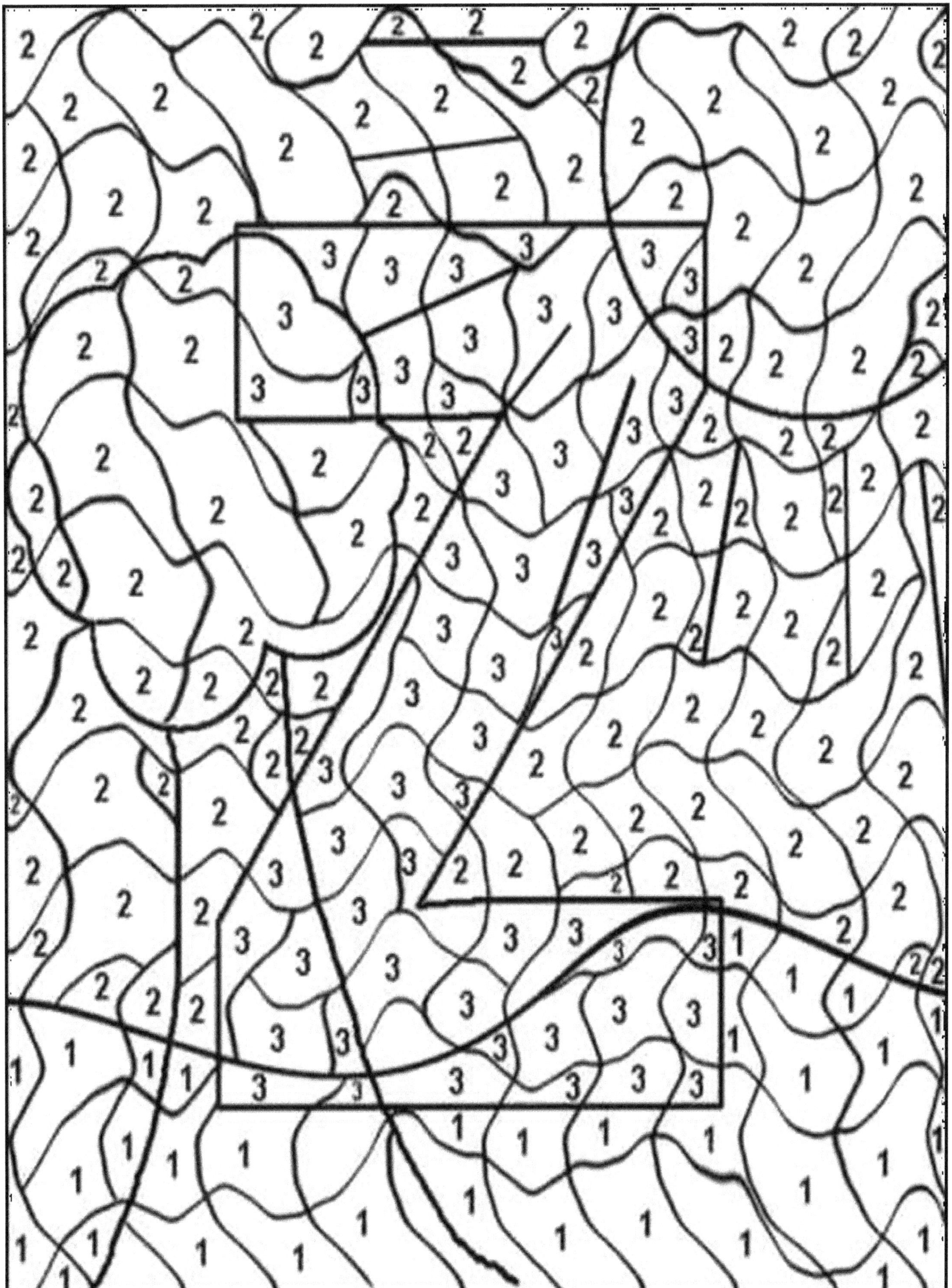

1
1
1
4
3
1
1
1
3
4
2
2
7
1
7
1
4
3
1
4
4
1
1
1
4
1
1
1
4
1
1
4
4
4
4
4
5
5
6
6
5
5
1
1

1
1
1
1
1
1
2
2
5
1
1
2
3
2
3
2
1
1
5
2
6
1
2
7
1
5
5
1
2
2
2
5
1
1
2
1
1
5
4
2
5
5
5
5
2
5
4
4
4
4
4
4
5
5
4
4
4
4
4

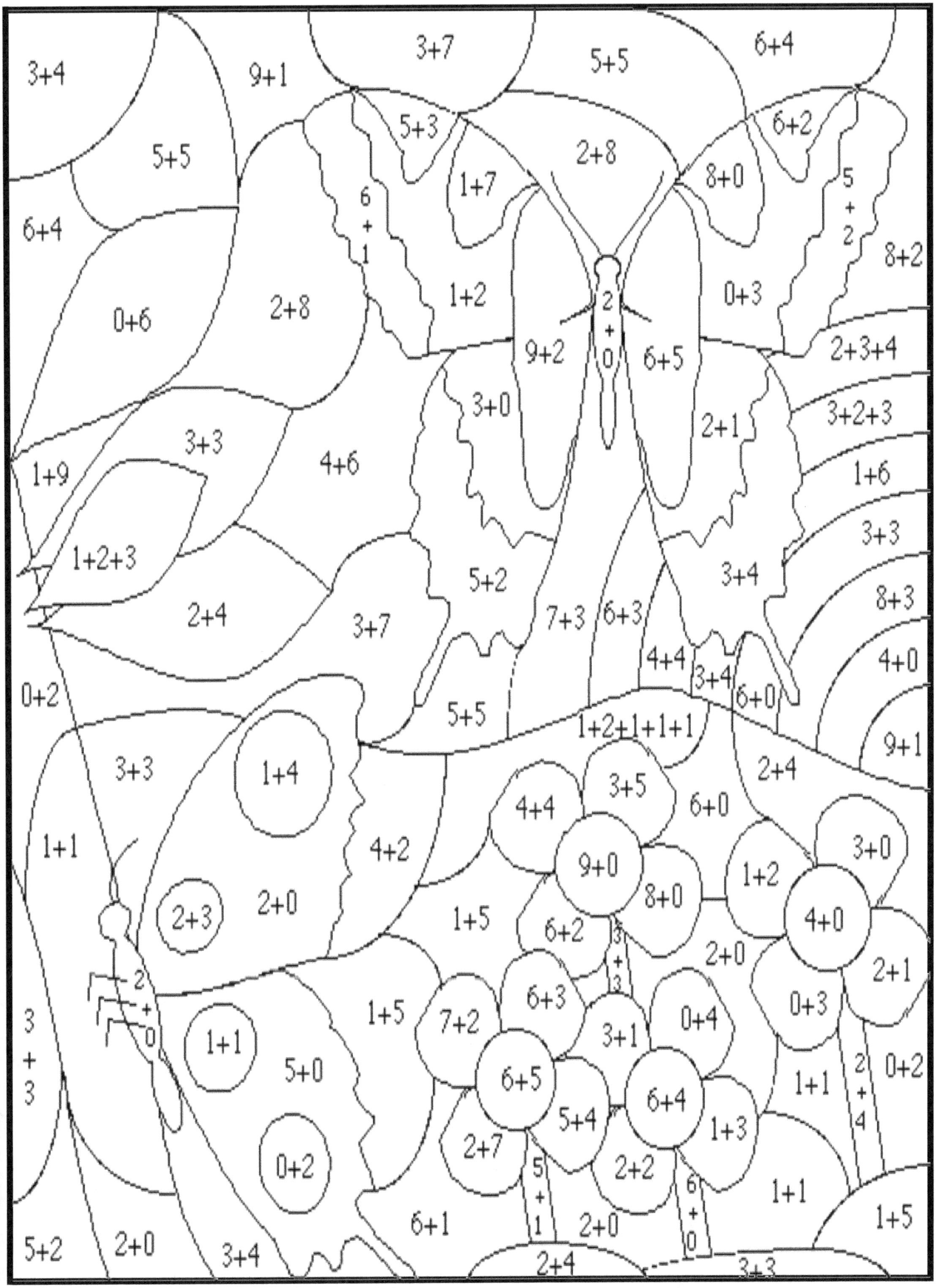

3+4
9+1
3+7
5+5
6+4
5+5
5+3
2+8
6+2
1+7
8+0
6+1
5+2
6+4
8+2
0+6
2+8
1+2
2+0
0+3
9+2
6+5
2+3+4
3+0
2+1
3+2+3
3+3
4+6
1+9
1+6
3+3
1+2+3
5+2
3+4
8+3
2+4
3+7
7+3
6+3
4+4
3+4
4+0
0+2
6+0
5+5
1+2+1+1+1+1
9+1
3+3
1+4
2+4
3+5
4+4
6+0
1+1
4+2
9+0
3+0
1+2
8+0
2+3
2+0
1+5
4+0
6+2
3+3
2+0
2+1
2+0
6+3
3+3
1+5
7+2
3+1
0+4
0+3
1+1
5+0
6+5
6+4
2+4
0+2
1+1
5+4
1+3
2+7
0+2
5+1
2+2
6+0
1+1
6+1
2+0
1+5
5+2
2+0
3+4
2+4
3+3

Printed in the USA
CPSIA information can be obtained
at www.ICGtesting.com
LVHW081701131124
796526LV00012BA/938